삶이
나에게

삶이 나에게 | 봉순이 시집

발　　행 | 2022년 12월 26일
1판 3쇄 | 2023년 6월 8일
저　자 | 봉순이
펴낸이 | 이재무
기획위원 | 김춘식, 유성호, 이형권, 임지연, 홍용희
책임편집 | 박예솔
편　집 | 민성돈, 김지웅, 정영아
디자인 | arti.bee
펴낸곳 | (주)천년의시작
등록번호 | 제301-2012-033호
등록일자 | 2006년 1월 10일
주　소 | (03132) 서울시 종로구 삼일대로32길 36 운현신화타워 502호
전　화 | 02-723-8668
팩　스 | 02-723-8630
블로그 | blog.naver.com/poemsijak
이메일 | poemsijak@hanmail.net

ⓒ 봉순이, 2022, printed in Seoul, Korea

ISBN | 978-89-6021-688-4 03810

값 14,000원

* 이 책 내용의 전부 또는 일부를 재사용하려면 반드시 저작권자와 (주)천년의시작 양측의 동의를 받아야 합니다.
* 잘못된 책은 바꾸어 드립니다.
* 지은이와 협의하에 인지는 생략합니다.
* 이 책은 2022년 남북통합문화콘텐츠 창작지원 공모 선정작으로 통일부 남북통합문화센터와 남북하나재단의 지원을 받아 발간되었습니다.

삶이 나에게

봉순이 시집

시인의 말

　시를 쓰는 동안 17년 전 떠나온 고향 집을 매일 서성거렸다. 어느 날에는 시 한 줄을 적어 둔 채 몇 시간을 울기만 했다.

　그립다, 그립다 해도 오지 않을 이름들이 시가 되었다. 고향 집 언덕 위에 작은 민들레꽃이 시가 되었다.

　끝내 서울에 오지 못한 채 하늘나라에 가신 아버지와 사랑하는 고향 친구들에게 이 글을 바친다.

목차

시인의 말

제1부 | 서울 사람들

014 열무
016 첫 아르바이트
018 약속
021 새
023 서울 친구들
024 밥솥
025 할머니의 손
027 민들레 꽃씨
028 마음 서랍
030 탈북민
032 외가댁
033 정선에서
035 비상
037 꽃길

제2부 | 친구야 너는 알고 있니

040 보물
041 바다에 오면
043 서울에서 보내는 편지
044 억철아

045 　봄
046 　위로
047 　찐빵
048 　친구야, 내 친구야

제3부 | 잃어버린 것들에 대하여

052 　거짓말
054 　기억
055 　고향 집
057 　실은
058 　어른들의 이야기
059 　몸살
060 　첫사랑
063 　추석 달
064 　나는
066 　고향
068 　꽃제비야
069 　내가 할 수 있는 건
071 　천국
072 　마산의 노래
075 　무덤의 노래
076 　아버지에게
079 　수

080	재회
081	꽃제비의 꿈
082	남남북녀
083	목련
084	버들꽃
085	별이 된 너에게
087	마법같은 일
088	해명
090	함박눈이 내리면
091	비밀
093	가을 하늘
095	그리움
097	이산가족
098	짝사랑
099	부고
100	아이야
101	미안해요
102	된장찌개
103	아바이 마을
105	두만강
106	통일전망대에서
107	모주떡
108	구름아
109	탈북민의 거짓말
111	꿈의 도시

113	제삿날
114	첫사랑 2
115	우리 집 밥상
117	위로 2

시 해설

120	나태주 ǀ 진정성 있는 북한 출신 시인의 시
135	김성민 ǀ 사랑에 대한 정의

제1부

서울 사람들

열무

할머이,
사구에도 봄꽃이 피었습니까
고향 집 뒷산을 곱게 물들이던
연분홍 진달래 노란 개나리가
서울에도
곳곳에 피었습니다

호숫가를 감도는
물새들을 반기며
물가의 함흥집 할머니는
지금도
마당에서 밥을 짓나요

서울에서 맞이하는
열여섯 번째 봄
따스하고도
아픈 계절이 또 왔습니다
오늘은 문득
이맘때 담그시던

할머이의 물김치
한 그릇이 생각나
시장에서
열무 한 단을 집었습니다.

첫 아르바이트

주유소에서 시작한
첫 아르바이트
서울 온 지
열흘째 되는 날이었지요

자동차에 호스를 꽂고
주유건을 잡았을 때
밀려드는 두려움
누가 대신 잡아 주면 좋겠다고
생각했었지요

다섯 시간 동안의
시급 이만 오천 원
내 생에 처음으로 해 본 아르바이트

함경도 두메산골
깡촌에서 태어나
서울 와서 주유도 하고 돈도 벌고 출세했다며
빼곡하게 써 놓은 그날의 일기

이제는
웃으며 추억하는
오래된 얘기
떨리던 마음은
어제 일처럼 생생한데
그게 벌써
16년 전의 일이라니요.

약속

퇴근길에 알사탕을
사 오겠다며
울며 매달리던 나를
달래 준 것이
내가 기억하는
아버지의 첫 번째 약속입니다

아홉 살 생일날엔
새 신발을 사 주겠다며
색이 바랜 낡은 샌들에
봉숭아꽃 그려 주신 것이
내가 기억하는
아버지의 두 번째 약속입니다

고향 집을 뒤로하고
떠나던 그날
아버지는
아무 약속도 하지 않았습니다.
서울에서 맞은
열네 번째 가을 어느 날

아버지는
세 번째 약속을 보내왔습니다.

그리워서 슬픈 날엔
울지 말고 생각하렴
하늘나라 꽃동산에
알사탕 걸어 두고
곳곳에 핀 꽃잎들을
한가득 따다 놓고
한 땀 한 땀
네 신발에 수놓고 있겠다고.

새

시력이 나빠
군대에도 가지 못한 울 아버지는
가끔씩 소리만 듣고도
복숭아나무 위에 앉은 새가
무슨 새인지, 몇 마리인지
알아맞히시곤 하셨다

그때마다 나는
새들에게 고마웠다
앞을 잘 보지 못하는
울 아버지의 눈에 비친
착하고 고운 몸짓
때로는 눈을 감고도
보이는 것들이 있다며
어린 나를 위로했던
그 작은 속삭임이.

서울 친구들

키다리 수빈이는
응암동 사람,
공주 같은 영이는
왕림동 사람,
요정 같은 지희는
석포리 사람.

언젠가는 네 고향에
함께 가자며
나를 위해 숱한 밤을
울어 준 친구들

그래, 그래 그러자
꼭 함께 가자
상촌에는 장미가 살고
하촌에는 주옥이가 사는
내 고향 함경도로
우리 다 함께 가자.

밥솥

가끔
힘든 날이면
나는
습관처럼 밥솥을 열어 본다
그 안에
내 삶의 이유가 있다

한 끼니를 먹기 위해
두만강 푸른 물에
몸을 던진
수많은 사람들의 눈물이 있다

쌀밥처럼 하얀 꿈을
가슴에 품고
처절하게 몸부림친
아이들의 온기가 있다.

할머니의 손

할머니가
콩나물을 무친다
마디마디 굽은
갈퀴진 손으로
대충 버무려도
간이 딱 맞다
할머니는 손끝으로
간을 보시나 보다.

민들레 꽃씨

바람을 원망한 적 없다
어디에 떨어지든
한 줌 흙만 있다면
영원처럼 숨을 쉬리

두려움이 없는 삶이란
어떤 것일까
어느 골짜기
차가운 눈밭에 갇힌다 해도
조금은 서러워도
외로움은 오직 나만의 것

봄을 기다리는 그대들이여
기억해 주길
아무 데나 뿌려지는
작은 내 안에
노란 꽃들이
피고 있다는 걸
초록 잎사귀가
무성하다는 걸.

마음 서랍

사투리가 남아 있어
눈치챘을까? 아니,
표준어가 완벽해서
속은 것일까

기쁠 때나 슬플 때나
함께하자며
부족한 날
친구로 불러 주는 너

숨기는 게 워낙 많아
너무 미안해
오늘만은 기어코
말해 줘야지

내 고향이 서울 아닌
함경도라고
떳떳하게 말하면
뭐라고 할까

새로운 남쪽 친구
만날 때마다
서랍처럼 닫히는
고향 이야기
한 십 년이 지나면
열 수 있을까.

탈북민

이리저리
타향을 떠돌며
고향의 봄을 못 잊어
산굽이마다 그리움을 심는 사람

서울 한복판을 활보하면서도
마음은 옥에 갇혀 있는 사람
삼겹살을 먹다가도,
갈비탕을 먹다가도
울컥 치미는 눈물에
마음속 이름들을 삼키는 사람

별들도 곤히 잠든 밤
숭숭 구멍이 뚫려
찬바람이 관통하는
시린 가슴을 안고
밤마다 고향 들녘을 서성인 사람
자장자장 잘도 잔다
우리 아기 잘도 잔다

엄마 노래 들으면서
이 밤도 잘 자 주길
두고 온 아기 이름
별처럼 품고
별이 되어
이 밤도 잠 못 이루는 사람.

외가댁

8살 딸내미가 아는
내 고향은
서울시 노원구 하계동입니다.

어릴 적 하계동은
어땠느냐고
초롱초롱 눈빛으로
물어보지만
이제는 흐릿하다
말끝을 흐립니다.

20살에 처음 본 하계동은요
어제처럼 기억에 선명합니다.
엄마 고향이 하계동이 아니라
함경도라는 그 말을
언제쯤 하면 좋겠느냐고
달을 붙잡고 물어봅니다.

정선에서

서울 아가씨가
참말로 곱다고
머릿결을 쓰다듬는
오일장의 할매가
서울 가는 길에 먹으라고
갓 쪄 낸 옥수수를 건네더니
방울토마토 한 줌을
가방에 넣어 주신다
정선에 왔다가
울 할매를 만났다.

비상

나무가 설한풍을 견뎌 냄은
봄날의 찬란함을 믿기 때문이다
장대비 속에서도
울지 않는 봉선화처럼
나는 네가
새벽빛 같은 신념을 가지기를 기도한다
황량한 들판에서도
백조처럼 우아하게
너만의 방식으로 비상하길 바란다.

꽃길

벚꽃이
흩날릴 때엔
차라리 눈을 감아 버립니다.

봄의 햇살에도
좀처럼 녹지 않는 이 마음은
미처 다하지 못한
사랑 때문인가요

북한을 떠나던 날
큰절하는 딸에게
뒤를 돌아보지 말고
걸어가라던 아버지처럼
이 계절은 또다시 내게
꽃길만 걸으랍니다.

제2부

친구야 너는 알고 있니

보물

할머니가 쓰시던
낡은 바늘겨레와
부모님의 결혼식
사진 말고는
고향에 두고 와서
아쉬운 물건 같은 건
없습니다

그러나 고향에는
바늘처럼 실처럼
함께했었던
사랑하는 내 소꿉친구들이
남아 있습니다.

바다에 오면

곳곳에
낡은 목선이 보이는 이곳은 동해
나는 아무 데나 앉습니다

푸른 파도가
가슴속으로
세차게 갈마들고
나는 두 눈을 감습니다.

저만치 고향 집이
보입니다.
귀에 익은 아이들의 웃음소리가
수평선 너머에서 들려옵니다.

모래알처럼 흩어지는
그리운 얼굴들
하나둘 만지다가
다시 홀로이 떠나옵니다.

봄

봄이 되면
산에 사는 울 엄마
등에는 어린 동생,
앞에는 쑥 꾸러미.

봄만 되면 변신하는
울 엄마의 몸
봄은 참말로
고마운 계절이라며

내게도
커다란 쑥 꾸러미
메어 놓고
흥얼흥얼 콧노래 부르던 시절

나물밥에 배불러도
다리 아파 야속했던 봄
울 엄마가 좋아하던
엄마의 계절.

위로

때론
괜찮냐는 말조차
미안해질 때가 있다

힘을 내라고 하기엔
너는 너무 지쳐 있고
괜찮아질 거라는 말이
더 이상 널 위로할 수 없다는 걸
잘 알기에

나는 그저
작은 나무 그루터기가
되기로 했다
지친 가슴 움켜잡고
벼랑 끝을 톺아 오를 네게
내 몸을 내밀어 본다

잠시만 여기 앉아.

찐빵

순이야
세상에서 가장
맛있는 건
찐빵이라며
빵을 먹기 위해
찐빵 장수가 되겠다던
넌 지금 뭘 하고 있니?

서울에는
빵집이 정말 많단다.
김이 물물 오르는 하얀 찐빵
한 봉지 가득 살 때마다
항상 네 몫으로 한 봉지
더 사고 싶다

서울에선 흔하고 흔한 찐빵
북에 사는 네겐 여전히
세상에서
가장 맛있는 음식이겠지.

친구야, 내 친구야

고향 떠나던 날
가장 먼저 챙긴 건
고교 시절 너와 함께 찍은
한 장의 사진

나서 자란 곳을 등지는 것보다
인사도 없이
떠나오는 마음이 더 무겁던
그 시절의 내 슬픔을
넌 이해할 수 있겠니

십여 년이 흘러
이젠 마주쳐도 몰라볼
우리들 모습
안타까운 마음에
사진을 보고 있으면
봄꽃 같은 너의 미소
그래서 더 눈물이 나
산다는 게 뭔지

아직은 몰랐을 때
배고픔이 뭐길래
너를 떠나야 했나
친구야, 사랑하는 내 친구야.

제3부

잃어버린 것들에 대하여

거짓말

하교 종이 울리면
나는 무섭다
길을 가다
술에 취한
울 아부지 만날까 봐

도랑물에
빠져 자는
주정뱅이 아저씨가
너그 아빠 아니냐고
친구들이 물어보면
울 아버진 물질 갔다
거짓말만 수백 번째
서울살이 13년째
고향에서 고모가 보내온 편지
네 이름만 부르다가
하늘에 간 네 아버지
밥 한 그릇 떠 놓고서
인사 한번 드리거라

아닙니다, 아닙니다
울 아버지 아닙니다
울 아버진 날 좋다고 물질하러 갔습니다.
아니, 아니 마루에서
술 따르고 있습니다.

기억

많이 담을수록
더디게 잊힐 거였다면

더 많이 담아 둘 것을
더 많이 담아 둘 것을.

고향 집

벌거벗은 산기슭
함경도의 작은 어촌에 있는
어느 어진 노부부가 살고 있을 집
봉숭아꽃 활짝 핀 낮은 울타리
구글로만 갈 수 있는 나의 고향 집.

실은

떠나 본 사람은 안다
어느 날 문득 신호등 위 하늘을 보다가
눈물이 나는 이유를

사랑하는 것보다 미워하는 것이
더욱더 살을 찢는 고통이 된다는 것을

기억하는 것보다 잊는 것이
몇천 배는 더 힘들다는 것을
떠났어도 영영 떠날 수 없다는 것을.

어른들의 이야기

사랑하는 것을
뒤로한 후에야 깨달은 것은
뜨겁게 사랑하는 법과
그 뒤에 오는 아픔까지 삼키는 법
어른들의 아픔은 그토록 아린 것
삶이란 정신없이 넘겨 버린
책갈피와 같은 것
그리움에는 많은 이유가
존재하지 않는다는 것.

몸살

고열로
욱신거리던 몸이
하루 종일 오한에 떤다

솜이불을 덮어도
뼛속까지 스며드는
한기를 떨칠 수 없어

약 한 봉지
입에 털어 넣으니
온몸에서 땀이 흐른다
며칠이나 더 이럴지 몰라

이별이라는 몸살.

첫사랑

널 마지막으로 만난 곳은
부둣가의 어느 작은 전봇대의 아래
곧 탈북할 거라는 말을 꺼낼 수 없어
난 한숨만 연거푸 내쉬었지

그날따라 바람은 왜 그리도 차가운지
차라리 떠나는 대신
너와 함께 그대로 사라지는 편이
낫겠다는 생각도 해 보았지

내일이면 여기 없을 거라는
깊은 슬픔에 빠져 있을 때에도
너무나 사랑하는 네 앞에서
태연하게 숨을 쉬는 일은
그야말로 가혹했어
영원히 함께하자던 청춘의 약속은
무심한 석양 아래서 오열하고

여전히 애틋한 너의 앞에서
나는 갈 길을 잃어버렸어.

추석 달

휘영청 밝은 밤에
달아 달아 밝은 달아
하늘 중천 밝은 달아
옥도끼로 찍어 내고
금도끼로 다듬어서
초가삼간 집을 짓고
천년만년 살고 지고.

나는

개학하자마자
6개월이나 결석한 나는
불량한 학생이었어요

그래요
낮에는 하루 종일 농장 밭을 헤매는
이삭 줍는 아이였어요.

오랜만에 찾은 그립던 교실
선생님의 눈총에
어디라도 숨어 버리고 싶었어요.

소심한 인사에
매로 답한 선생님
밥을 굶어 결석하고
온몸에 멍이 든
나는 노동자의 딸이었어요.

매 맞은 걸 알면은

통곡하실까
어머니 앞에서
밝게 웃어 보인
나는 거짓말쟁이였어요.

매보다 아팠던 건
어디에도, 누구에게도
기댈 곳 없던 멍든 마음.

시퍼런 풀물이 든
손톱을 물어뜯으며
몰래 울음을 삼키던 그날 밤에도
난 그저 평범한
아이이고 싶었어요.

고향

어제 16년 동안
꿈에 그리던 고향에 다녀왔다
들뜬 마음에 새벽 일찍 잠에서 깼다
며칠간 싸 두었던 짐 가방들을 실으며
잊거나 놓친 물건은 없는지
여러 번 체크해 보았다

고교 시절
내게 늘 도시락을 양보했던
정미에게는
예쁜 도시락 통을
다리가 아파 늘 고생이던 명순이에게는
관절약 세 통을
자매만 셋이던 선화에게는
예쁜 꽃무늬 원피스를

수진이네 은심이네
진주네 성준이네
철준이네 선희네
챙겨야 할 짐이 많았다

동틀 무렵 꿈에 그리던
고향 함경도로 출발해
몇 시간을 달려
마을 어귀에 들어섰다
포구에서 그리 멀지 않은
우리 집 대문에 들어섰다

어린 시절 수도 없이
드나들었을 나의 고향 집
낡고 키 작은 대문 안에서
엄마의 도마 소리가 또각또각 들리고
젊은 아버지는
내가 온 줄도 모른 채 마당을 쓸었다

내 기억 속 모든 것들이
그대로인 집,
고향을 찾아온 게
꿈만 같아서
지금 이 순간 깨어 버리면
꿈이 될까 봐
나는 오래도록 눈을 뜨지 못했다.

꽃제비야

네가
얼마나 배가 고픈지
또 얼마나 힘에 겨운지
말하지 않아도 돼
온 세상이 다 알아.

내가 할 수 있는 건

내가 할 수 있는 건
하루하루 평범하게 살아가는 것

새벽 푸름을 가르며
일터로 가고
시내버스를 타고
매일 같은 시간에 퇴근하는 일

고향이 지척이어도
가지 못하는 마음은
책갈피처럼 일기장에 꽂아 두어요

고향으로 가는 꿈은
매일 꾸지만
지금 내가 할 수 있는 건
그저 양초처럼
깡그리
그리움을 태우는 것뿐입니다.

천국

아버지 생신날
미역국 대신 아버지가
제일로 좋아하시던 청국장을 끓였다

한 술도 안 뜬 청국장은 그대로 있고
아버지만 없다.

마산의 노래

지금 그렇다
어린 시절 할아버지 무릎에 앉아
머나먼 마산 이야기를
들을 때처럼
아무것도 모르면서
두 눈을 빛내던 나는
지금 그렇다, 아무렇지 않다

포연이 자욱한 산골짜기
이름 모를 바위 곁에
흩뿌려진 그들만의 이야기
용맹스러운 마산의 무용담을
나는 다 자랄 때까지 그리 익혔다
찌는 햇볕에 목이 타들어 가도
차마 다하지 못하고 간
그들의 피 타는 목소리
노을 진 강물을 물들이며
오늘도 끝없이 흐른다

한가로이 떠가는 구름 아래
마산은 푸르고
그 옛날 포성이 울리던 계곡엔
새소리, 바람 소리
사람들의 웃음소리가 넘친다

그러나
오늘을 위해 쓰러져 간
꽃다운 청춘들의 피가 스며 있는 곳
이곳은 마산이다.

무덤의 노래

내 집 지붕에 올라앉은
새 한 마리
봄바람 좋다고
불러내는데
그래, 봄!
반가운 소리일세.

진달래며 개나리며
사방천지 피었으려나
괜스레 마당으로
나가 보고 싶지만
아닐세,
이대로가 좋다네.

도란도란 개울물 흐르는
소리도 들리네
아, 저기 반가운 소리!
봄나물 캐고 돌아오는
내 아내의 발자국
소리가 들리는구려.

아버지에게

거긴 어떤가요?
지낼 만한가요?
어떤 모습으로 있나요?
나 오늘 문득
묻고 싶은 것이 있어요.

아무것도 가진 게 없어
빈 몸 홀가분히 떠날 수 있었나요?
혹시 마지막 날,
내게 전할 말이 있어
눈도 못 감은 채 슬퍼했나요?

죽는다는 건 사라지는 게 아니라
잠시 쉬러 가는 거라고
스스로를 얼마나 위로했나요

당신은 용감한 사람이었고
강인한 사람이었죠
혼자서도 당신은 꿋꿋했었고

삶의 끝없는 소용돌이 속에서도
늘 그 자리를 지키고 있었죠
밤하늘을 보면
당신의 얼굴이 보여요
우리의 마지막 통화
나는 서울에서 당신은 함경도에서
수화기 속 당신의 떨리는 목소리에선
나를 향한 사랑과 미안함이 느껴졌었죠
난 당신을 잊지 못해요

잘 지내나요?

거기서는 가난한 아빠가 되지 말기를
거기서는 외로운 남자가 되지 말기를
거기서는 남몰래 슬퍼하지 말기를
거기서는 부디 잘 지내기를

안녕, 나의 사랑
나의 아빠.

수

창가에 핀
매화꽃
한 송이 따다
울 엄마 낡은 옷에
수놓고 싶네

숨 가쁘게 살아온
엄마의 삶이
꽃 한 송이 단다고
봄날이 될까.

재회

아버지는 하늘에
엄마는 땅에

사는 동안 엄마에게
효도하다가

나중에는 아빠에게
효도해야지

가끔씩은 아빠 혼자
불러내다가

좋아하는 소주 한잔
사 드려야지.

꽃제비의 꿈

밤에 꾸는 꿈은
언제나 반대라지요
밤새 울고 일어나도
하루 종일 웃게 되니
꿈은 반대지

주린 배가 괴로워서
음식 가득 집어삼킨
꽃제비의 꿈
눈 떠 보면 아무것도 없는 너의 꿈
그러니까 꿈은 정말 반대인 거지

어떤 꿈을 꾸어야 현실이 될까
울며 자도
하루 종일 웃게 되는 꿈
꿈에 먹은 빵들을
눈 뜨고도 먹게 되는 신비로운 꿈.

남남북녀

여자는 이북 여자가 곱고
남자는 이남 남자가 멋져서
남남북녀라는 말이 있었대

근데 지금은 아닌 것 같아
서울은 온통 미녀들의 천지인걸.
인형들이 걸어 다니는
인형의 도시인걸.

목련

서울에서
처음 본 새하얀 목련
울 엄마 미소처럼
눈부시구나

훗날, 먼 훗날
고향에 가면
우리 마을 곳곳에
목련을 심어야지

서울에는 이 꽃이
곳곳에 핀다며
서울에 살아 본 걸
자랑해야지.

버들꽃

사계절 내 마음에
피어 있는 꽃
내가 아는 꽃 중에
가장 예쁜 꽃

사는 것이 버거워
오므렸다가
끝내는 온몸을
피워 내는 꽃

자식 위해 흘린 눈물
셀 수 없어도
비를 위해 울지 않는
엄마라는 꽃

다 자란 자식 앞에
그늘질세라
몰래 피고 몰래 지는
버들꽃 엄마.

별이 된 너에게

익숙한 별들이
익숙한 자리에서
반짝거린다

밤이 되면 볼 수 있는
저 별들처럼
너도 한번 나를 향해
반짝여 줄래

아주 잠깐이어도 좋아
머리를 들어
네 이름을 부를 때
나를 향해
한 번만 반짝인다면
얼마나 좋겠니.

마법 같은 일

오늘도 나는
네가 있어서 행복했다
내 이름을 불러 주는
너의 목소리에 웃으면서 눈을 떴고
내 머리를 감싸 안는
너의 품 안에서 천국을 느꼈다
창문을 통해 느끼는
아침 햇살이 유독 따사로운 것처럼
그저 네가 존재한다는 이유만으로
세상은 이토록 경이롭다.

해명

2005년 가을
나이키 매장 앞을
며칠씩이나 서성거렸다
밖에서 정면으로 보이는 카운터에
중년의 사장님을 보기 위해
아침부터 밤늦게까지
가게 주위를 스토커처럼 맴돌았다
그러다가 한 번
용기를 내어 들어갔지만
도무지 입술이 떨어지지 않아
신발 하나를 사 가지고
도망치듯 뛰어나왔다

며칠이 지나 또다시 매장으로 갔다
중년의 사장님은
남색 니트에 청바지를 입고 계셨다
그날은 용기를 내어 그에게 물었다
'저…… 사진 한 장만 찍어도 될까요……?'
떨리는 나의 고백은 단칼에 잘려나갔다.

'안 돼요. 저 결혼했습니다.'
'그게 아니라…… 죄송합니다.'
나는 며칠 전 신발을 샀을 때처럼
또 한 번 가게를 도망치듯 빠져나왔고
다시는 그 매장을 찾지 않았다.
그날 이후로 나는
돌아가신 아버지와 그토록
닮은 사람을 본 적이 없다.

함박눈이 내리면

발그레한 볼우물을 오물거리며
아이들이 군고구마를 먹고 있으면
나는 우리 엄마처럼 웃게 된다

항상 양보심이 많은 큰 아이가
혹여 못 먹는 건 아닌지
괜히 한 번 더 입에 넣어 주면
남편은 옛날 우리 아버지처럼
뭐라 할 말을 참는다

한 살씩 나이를 먹으면서
배우지 않고도
알 수 있는 것들이 있다
아이들이 배불리 먹으면
왜 엄마가 흐뭇한 미소를 짓는지
엄마는 왜 먹고 있는데도
자꾸만 입에 넣어 주는지
그리고 자식은 부모의 사랑을
얼마나 늦게 알게 되는지를.

비밀

너 참 괜찮은 사람이라는 말에
사실은 머쓱할 때가 있다
나는 그리 너그럽지도 않고
실은 옹졸하기 짝이 없다

얼마 전에도
약속 시간을 어긴 친구에게
괜찮다는 말을 하면서도
나와의 약속을
가볍게 여긴다며
마음속으로
여러 번 질책했었다

괜찮은 사람이라는 말은
나를 늘 부끄럽게 한다
나만 아는 나를
자꾸만 고개 숙이게 한다.

가을 하늘

그리움의 깊이만큼
높게 보이는 하늘.

그리움

길섶에 핀
작은 풀꽃을 보다가
문득
네가 보고 싶어졌다
어디선가
네 셔츠 향이 불어온다.

이산가족

숱한 해와 달과 별들이
머물다 간 산책로에서
70년째
오지 않을 그대를 기다립니다.

짝사랑

코앞에서 버스를 놓쳐
한참이나 기다려야 했지만
그다음 버스에서
너를 만나 기뻤다

잘 지냈냐는 말을 하려다
끝내는 그냥 내렸지만
나를 알아보지 못한
네가 다행이었다

부고

너의 부고를 받은 그날
나는 처음 하나님을 믿었다.
내가 그토록 사랑했던 널
예수께 부탁해야 했다.

아이야

물방울 속에서도
우주를 보는
너처럼 살고 싶다

무지개를 보면
나비처럼 팔랑대는
너처럼 살고 싶다

세상에서 가장 예쁘고
소중한 건 '나'라며
짧은 팔로 제 어깰 감싸는
아이야
나도 너처럼 살고 싶다.

미안해요

사랑한다면서
떠나와서
미안해요

떠나고는
그립다 해서
미안해요

그립다면서
돌아가지 못해
미안해요

자꾸만 자꾸만 미안해요.

된장찌개

된장찌개를 끓이다가
엄마 생각이 났다며
퉁퉁 부은 눈으로 불쑥 찾아온
황해도 처녀 선희에게
서둘러 된장을 끓여 주고는
앞치마를 입은 채 앉아 있었다.
10분만 그 애 엄마가 되고 싶었다.

아바이 마을

강원도 속초에 가면
소달구지에
하나둘
동네 아이들을 태우고
달구경을 시켜 주던
장 아바이를 만날 수 있다
17살에 헤어진
울 아버지도 만날 수 있다.

두만강

강을 건너다
얼어 죽은
어떤 아이의 시체 때문에
두만강은 여름에도 녹지 않는다.

통일전망대에서

손을 뻗치면
잡힐 듯 보이는 저기에
다들 살고 있어요

나의 사촌이,
나의 친구가,
나의 이웃이,
나의 선생님이,
그리고 마음만은
하루도 그곳을 떠나지 못한 내가
저 강 건너에서 살고 있어요.

모주떡

술을 뽑고 난 찌꺼기로 만든
시커멓고 시큼시큼한 떡
그나마도 있었기에 다행이던 떡
수많은 어린 배를 채워 주던 떡
이북 사람만 아는 누룩곰팡이의 맛.

구름아

북풍을 타고 떠가는 구름아
너는 좋겠다
하이얀 파도 부서지는
내 고향의 바닷가를 볼 수 있어서

갈매기 떼 날아예는
백사장에 가거든
내 안부를 전해 다오
구름 타고 가고 싶은
이 내 마음 전해 다오.

탈북민의 거짓말

괜찮다는 거짓말
잊었다는 거짓말.

꿈의 도시

북한에서 감자 농사를 짓던
울 엄마가 방송국 기자가 되었다
맨발로 토끼풀을 뜯던
울 동생이 건축 기사가 되었다
여기 서울에서 일어난 일이다.

제삿날

탈북한 자식
가슴에 품고
마음껏 울지도
못했을 사람

슬프도록 아름다운
이름 석 자 적어 놓고
밤새도록 양초처럼
타고 있는 밤.

첫사랑 2

엄마는
아버지가 첫사랑이라고 했다
아버지보다 더 사랑한
남자가 없다고 했다

아버지는
엄마가 첫사랑이 아니라고 했다
엄마보다 더 사랑한
여인들이 많다고 했다
그렇게 말해야만
남자답다고 했다.

우리 집 밥상

우리 집 밥상에는 없는 게 없다
닭고기
오리고기
소고기
돼지고기
동해의 싱싱한 오징어
서해의 맛깔나는 꽃게장
남해의 자연산 전복이
매일
번갈아 상에 오른다

그러나 우리 집 밥상에는
딱 한 가지가 없다
상다리 부러지게 차린 그 앞에
떠나온 고향 이야기가 없다.

위로 2

겨울 바다는
어부의 노래가 지키고

그리움은
추억이 달랜다

울지 마
네 곁에는 내가 있잖아.

시 해설

나태주
김성민

진정성 있는 북한 출신 시인의 시
―봉순이 시집 『삶이 나에게』에 대하여

나태주(시인)

1

이 시집의 주인공인 봉순이 시인을 안 것은 그리 오래 전의 일이 아니다. 최근 나는 전국을 돌면서 문학을 자주 하는데 그 문학 강연 일정 속에서 만난 사람이 바로 봉순이 시인이다. 그러니까 지난 8월 3일(2022년)로 기억된다. 서울의 한 장소에서 탈북 문인들을 만나 이야기를 하는 일정이 잡혀 있었다. 탈북 문인? 북한에서 문인으로 활동하던 사람이 탈북하여 남한에서 산단 말인가? 탈북한 사람이 남한에 와서 문인이 되었단 말인가? 궁금증이 있었다.

만남의 과정을 친절하게 챙겨 준 통일부 소속 기관 한 여성 직원의 안내로 현장에 도착했고 강연에 앞서 한 사람의 여성이 내게 소개되었다. 탈북한 분이라 하는데 의외로 젊었고 외모가 빼어날 정도로 예뻤다. 그렇지. 남남북녀라 했지. 그녀는 내게 몇 편의 시 작품을 보여 주었다. 나는 시 작품에서 그 어떤 점보다도 진정성을 최우선으로 삼는 사람이다. 얼핏 읽는데도 그 진정성이란 것이 강하게 느껴졌다.

  결국, 그날 강연은 그때 읽은 작품을 중심으로 진행되었다. '짧게, 단순하게, 쉽게 쓰면서 임팩트 있게 쓰자'가 내 시 쓰기의 기본 생각인데 그에 대해서 설명하면서 그날 처음 만났던 탈북 시인의 시를 주로 인용하여 이야기를 풀어 나갔다. 시 작품은 이러했다.

    시력이 나빠
    군대에도 가지 못한 울 아버지는
    가끔씩 소리만 듣고도
    복숭아나무 위에 앉은 새가
    무슨 새인지, 몇 마리인지
    알아맞히시곤 하셨다

    그때마다 나는
    새들에게 고마웠다
    앞을 잘 보지 못하는
    울 아버지의 눈에 비친
    착하고 고운 몸짓
    때로는 눈을 감고도
    보이는 것들이 있다며

어린 나를 위로했던

그 작은 속삭임이.

—「새」 전문

　보시는 바와 같이, 시 작품의 내용은 아버지에 대한 연민의 정을 표현하고 있다. 아, 북한에서 살다가 온 사람에게도 이렇게 순하고 고운 마음이 있구나. 그 험한 과정을 거쳐서 이쪽까지 왔으면 왁살스럽고 강인하기만 할 줄 알았는데 이렇게 섬세하고 인정스러운 면모가 있었구나. 이야기를 하면서 나는 자주 시를 쓴 주인공을 바라보곤 했다. 내가 자기의 시를 이야기할 때마다 그녀는 매우 수줍은 표정을 짓기도 하고 또 어떤 대목에서는 울먹거리는 표정으로 보이기도 했다. 끝내 나는 그녀의 지원자가 되어 주기로 작정했다.

　시집 원고를 보여 달라 했고, 출판사를 주선해 주겠다 했고, 시집 해설을 써 준다고까지 약속했다. 나 자신이 정에 약하고 마음이 헤픈 사람이라 그랬을까? 그렇다 해도 좋다. 시인인 사람이 정에 약하지 않고 마음이 헤프지 않아서 무엇이 그리 좋단 말인가! 그날 이후로 봉순이 시인은 나의 막내딸 같은 사람이 되었고 가끔은 전화나 문자를 주고받기도 하면서 몇 차례 만나기도 했다. 한번은 공주에 있는 풀꽃문학관에서도 만났는데 그날은 봉순이 시인이 자신의 딸아이까지 데리고 와서 예쁜 어린이를 만나기도 했다.

2

언어가 오직 인간에게만 주어진 귀한 보배임을 아는 사람은 다 안다. 인간은 언어에 의해서만 인간다운 인간이 되고 인간의 삶 또한 언어에 의해서만 인간답게 이루어진다. 글은 바로 그 언어로 이루어진 가장 간편하면서도 아름답고 절실한 표현 양식이다. 글 가운데서도 시의 문장은 더욱이나 마음을 표현하는 글이기에 언어를 소중히 다룬다. 그러므로 시의 문장은 글쓴이의 마음의 범위를 벗어나지 못한다. 뿐더러 그의 삶의 궤적을 크게 벗어나지 못한다. 때로는 글이 사람이고, 사람이 글일 때가 있다.

> 떠나 본 사람은 안다
> 어느 날 문득 신호등 위 하늘을 보다가
> 눈물이 나는 이유를
>
> 사랑하는 것보다 미워하는 것이
> 더욱더 살을 찢는 고통이 된다는 것을

기억하는 것보다 잊는 것이

몇천 배는 더 힘들다는 것을

떠났어도 영영 떠날 수 없다는 것을.

―「실은」 전문

간결한 문장이지만 탈북하여 남한에서 사는 사람의 실상과 심정을 아주 잘 보여 주고 있다. 수식이 아름답고 거창하고 길어야만 좋은 시가 아니다. 산문은 그 목적이 설득에 있고 시는 감동에 있다는 말을 하는데 바로 그 감동이 진하게 배어 있는 글이다. 첫 문장부터 서늘하게 가슴을 치고 들어온다. "떠나 본 사람은 안다". 그 문장을 설명하면서 받쳐 주기 위한 이유들을 점층법으로 보여 주면서 마지막 구절에 이르러선 통곡에 가까운 마음을 이끌어 낸다. "기억하는 것보다 잊는 것이/ 몇천 배는 더 힘들다는 것을/ 떠났어도 영영 떠날 수 없다는 것을." 그렇구나. 아, 그것이 그렇구나. 고개가 끄덕여지기도 한다.

시의 문장이 이 정도만 되면 충분히 그 본분의 목적을 달성한 것이다. 무엇을 더 바라랴. 더러 현학적이거나 수식적인 문장을 선호하는 이들은 이렇게 쉽고도 간결한 문장은 시가 미처 다 되지 못한 것이라고 말하고 싶을 텐데 단언하건대 그들이 그른 것이요 봉순이 시인이나 내가 그른 것은 아니다. 이러한 단순하고 쉽지만 감동을 자

아내는 시편들이 봉순이 시인의 시집 속에는 수두룩하게 많이 들어 있다. 충분히 독자 대중들의 감동과 이해와 지지를 받을 것이라고 믿는다. 이러한 시들을 몇 더 옮겨 보면 아래와 같다.

>가끔
>힘든 날이면
>나는
>습관처럼 밥솥을 열어 본다
>그 안에
>내 삶의 이유가 있다
>
>한 끼니를 먹기 위해
>두만강 푸른 물에
>몸을 던진
>수많은 사람들의 눈물이 있다
>
>쌀밥처럼 하얀 꿈을
>가슴에 품고
>처절하게 몸부림친
>아이들의 온기가 있다.
>
>　　　　　　　　　—「밥솥」 전문

이 역시 남한에 살면서 쓴 작품이지만 두고 온 땅과

그 땅에 살던 사람들에 대한 기억을 차마 잊지 못해서 몸부림치는 마음을 담은 작품이다. 문제는, 표면은 고요한데 내면이 여전히 소용돌이치고 있다는 점이다. 떠나오기는 했지만 완전히 떠나오지 못한 자의 망설임과 그 한이 안으로 조용히 암청색 문신처럼 스며 있어 읽는 이의 마음까지도 아리게 만들어 준다. 무엇을 더 밝히고 말하랴! 아픔이 다만 아픔이고 슬픔이 다만 슬픔인 것을. 그러한 아픔과 슬픔은 그 당사자 아닌 사람은 짐작만 할 뿐, 차마 그 바닥을 알 수 없다는 것을.

> 손을 뻗치면
> 잡힐 듯 보이는 저기에
> 다들 살고 있어요
>
> 나의 사촌이,
> 나의 친구가,
> 나의 이웃이,
> 나의 선생님이,
> 그리고 마음만은
> 하루도 그곳을 떠나지 못한 내가
> 저 강 건너에서 살고 있어요.
>
> ―「통일전망대에서」 전문

디아스포라Diaspora란 단어가 있다. 본래는 '팔레스타인을 떠나 온 세계에 흩어져 살면서 유대교의 규범과 생활 관습을 유지하는 유대인을 이르던 말'인데 '흩어진 사람들'이란 뜻으로도 광범하게 사용되는 말이다. 남한 출신이 가 본 통일전망대와 탈북자 본인이 가 본 통일전망대는 사뭇 다른가 보다. 통일이 이루어지기를 소망하면서 만든 전망대이지만 정작 통일의 대상이 된 그 땅에서 온 사람의 눈과 마음에는 온통 아픔의 땅이고 그립기만 한 땅인 것이다. 아. 이 지극한 슬픔과 아픔을 어디에다 맡기면 좋으랴. 이미 흩어져 산산조각이 난 사람의 마음을 무엇으로 달랜단 말인가.

그런데 이 시인의 작품에서 놀라운 것은 시의 후반부에 반전과 변용의 문장을 둘 줄 안다는 것이다. 이것이 바로 독자들에게 임팩트를 제공하는 단서로 작용한다. 가령 다음과 같은 문장 말이다. "그리고 마음만은/ 하루도 그곳을 떠나지 못한 내가/ 저 강 건너에서 살고 있어요." 이러한 표현법은 특별히 시작법이나 기술을 배워서 되는 것이 아니고 시인의 진정한 마음이 바탕이 되어서 저절로 이루어지는 것임을 나는 모르지 않는다.

사랑한다면서

떠나와서
미안해요

떠나고는
그립다 해서
미안해요

그립다면서
돌아가지 못해
미안해요

자꾸만 자꾸만 미안해요.

—「미안해요」 전문

 아주 단순한 짜임으로 된 작품이지만 단아하고 절실하기까지 한 작품이다. 가히 가품佳品이라 할 만하다. 중심어는 '미안해요'. 하지만 그 '미안해요'란 말을 맴돌면서 이어지는 마음과 흐름은 정연하면서도 읽는 이의 마음을 간절한 세계로 이끌고 간다. 저 유연하면서 변화무쌍한 강물 같은 마음의 흐름을 한번 들여다보시라. (사랑한다면서) 떠나와서 → (떠나고서) 그립다고 해서 → (그립다면서) 돌아가지 못해 → (자꾸만 자꾸만) 미안해요. 이것은 점층법이거나 하강법이거나 그 둘 가운데 하나다. 단언하건대 이러한 곡진한 표현은 타고난 시인 기질을 바탕으로 굴곡 많은 인생의 고비를 더할 때만이 가능한 것이다. 조용한 놀라움이 거기에 따른다.

    서울 아가씨가
    참말로 곱다고
    머릿결을 쓰다듬는
    오일장의 할매가
    서울 가는 길에 먹으라고
    갓 쪄 낸 옥수수를 건네더니
    방울토마토 한 줌을
    가방에 넣어 주신다
    정선에 왔다가
    울 할매를 만났다.
                             —「정선에서」 전문

    이리저리
    타향을 떠돌며
    고향의 봄을 못 잊어
    산굽이마다 그리움을 심는 사람

    서울 한복판을 활보하면서도
    마음은 옥에 갇혀 있는 사람
    삼겹살을 먹다가도,

갈비탕을 먹다가도
울컥 치미는 눈물에
마음속 이름들을 삼키는 사람

별들도 곤히 잠든 밤
숭숭 구멍이 뚫려
찬바람이 관통하는
시린 가슴을 안고
밤마다 고향 들녘을 서성인 사람

자장자장 잘도 잔다
우리 아기 잘도 잔다
엄마 노래 들으면서
이 밤도 잘 자 주길
두고 온 아기 이름
별처럼 품고
별이 되어
이 밤도 잠 못 이루는 사람.

―「탈북민」 전문

 옮겨온 두 편의 작품에 대해서는 세세한 설명이나 소감을 생략하고자 한다. 다 같이 탈북민으로 남한에서 살면서 느낀 절절한 애환을 담은 작품들이다. 앞의 작품 「정선에서」는 강원도 정선에 가서 한 할머니의 친절을 받고 고향에서 느꼈던 할머니의 정을 회복했다는 것이고, 뒤의 작품은 그야말로 '탈북민'의 삶과 심정적 실상을 뼈아프게 토로한 작품이다. 나는 더러 시에서 주된 내용이 고백과 호소라고 말하는데 그 '고백'과 '호소'가 다 함께 들어 있는 작품이라 하겠다.

3

내가 봉순이 시인의 시집에서 특별히 주목하는 바는 그 내용에 진정성이 담기기도 한 점이지만 거기에 더하여 짧고도 매운 작품을 여러 편 만났다는 점이다. 이는 시를 읽는 사람의 기쁨이면서 시를 배우는 사람의 한 보람이다. 어쨌든지 시는 짧아야 한다. 짧으면서도 그 안에 모든 것을 모두 담아낼 수 있어야 한다. 도대체 시가 길어서 무엇에 쓴단 말인가? 한시의 경우 오언절구 20자 안에 모든 이야기를 다 담는다. 시조의 경우도 단시조가 기본인데 43자 안에 모든 정한을 담고 일본의 하이쿠 역시 17자 안에 모든 풍경이며 정서 표현을 끝낸다.

시에 있어서 짧다는 것은 당연한 일이고 미덕일 것도 아닌 기본에 지나지 않는 일이다. 공연스레 시 앞에서 거들먹대며 거룩한 척, 아는 척, 똑똑한 척, 잘난 척하지 마시라. 그래 봐야 아무런 일도 일어나지 않는다. 단언컨대 시집이 안 팔리는 일밖에는 일어나지 않는다. 오늘날 독자들이 얼마나 시를 원하고 있고 시의 문장에 목말라하는지 시인들은 아시기나 하는가! 시가 망했다고 말하고 시의 시대가 끝났다고 말한다면 그 사람의 시만 그런 것이다. 제발 다른 사람들의 시까지 물귀신 작전으로 끌어들이지 마시라. 시의 시대는 전혀 가지 않았고 시는 절대로 망하지 않았으니 걱정하지 마시라. 봉순이 시인의 다음과 같은 시들을 읽어 보면 그 해답이 나올 것이다. 사족 같아 설명은 달지 않겠거니와 인용하는 작품이 여러 편이니 빠트리지 말고 차근히 읽어 보셨으면 한다.

    길섶에 핀
    작은 풀꽃을 보다가
    문득
    네가 보고 싶어졌다
    어디선가
    네 셔츠 향이 불어온다.

                            —「그리움」 전문

    괜찮다는 거짓말

잊었다는 거짓말.
—「탈북자의 거짓말」 전문

강을 건너다
얼어 죽은
어떤 아이의 시체 때문에
두만강은 여름에도 녹지 않는다.
—「두만강」 전문

된장찌개를 끓이다가
엄마 생각이 났다며
퉁퉁 부은 눈으로 불쑥 찾아온
황해도 처녀 선희에게
서둘러 된장을 끓여 주고는
앞치마를 입은 채 앉아 있었다.
10분만 그 애 엄마가 되고 싶었다.
—「된장찌개」 전문

벌거벗은 산기슭
함경도의 작은 어촌에 있는
어느 어진 노부부가 살고 있을 집
봉숭아꽃 활짝 핀 낮은 울타리
구글로만 갈 수 있는 나의 고향 집.
—「고향 집」 전문

아버지 생신날

미역국 대신 아버지가

제일로 좋아하시던 청국장을 끓였다

한 술도 안 뜬 청국장은 그대로 있고
아버지만 없다.

—「청국장」 전문

창가에 핀
매화꽃
한 송이 따다
울 엄마 낡은 옷에
수놓고 싶네

숨 가쁘게 살아온
엄마의 삶이
꽃 한 송이 단다고
봄날이 될까.

—「수」 전문

사랑에 대한 정의

김성민(자유북한방송 대표)

   고향에 대한 사랑은 꽃과 나무일 수 있다. 한 점 구름과 강 자락에 심어 놓은 애틋한 그리움일 수도 있다. 그래서 사람들은 고향에 관해 이야기할 때 자연을 말하기가 일쑤다. 발부리에 걸치는 조약돌에서부터 우주의 삼라만상에 이르기까지 눈에 담고 마음에 새겨 온 그 모든 것을, 두고 온 고향과 연계시킨다.

   하지만 『삶이 나에게』엔 온통 사람 사는 이야기뿐이다. '할머이'가 담가 준 물김치 한 그릇(「열무」)이 그립더라는 시인은, 생일 선물로 신발을 사 주시겠다던 아버지(「약속」)를 오늘도 붙잡고 있다. 그 아버지는 때로 눈에 보이지 않는 것도 보아 낼 줄 아는 세상에서 가장 훌륭한 아버지이고, 가셨다지만 지금도 마음의 술 한잔 따라드리고 싶은 친근하고 살뜰한 이다.

내 몸의 한 부분인 고향 사람들, 산 같은 그리움을 토해 낸 봉순이가 보고 싶다.